क्या कहूँ मैं,
मैं कौन हूँ

क्या कहूँ मैं, मैं कौन हूँ

मुग्धा सिन्हा

वाणी प्रकाशन

पेपरबैक प्रथम संस्करण : 2023

वाणी प्रकाशन

4695, 21-ए, दरियागंज, नयी दिल्ली 110 002

फ़ोन : +91 11 23273167 फ़ैक्स : +91 11 23275710

शाखाएँ

अशोक राजपथ, पटना 800 004, बिहार

कॉफ़ी हाउस कैम्पस, महात्मा गांधी मार्ग, इलाहाबाद 211 001, उत्तर प्रदेश

महात्मा गांधी अन्तरराष्ट्रीय हिन्दी विश्वविद्यालय, वर्धा 442 001, महाराष्ट्र

36/ए, शेक्सपीयर सरणी, रानी बिरला गर्ल्स कॉलेज के पास, कोलकाता 700 017, प. बंगाल

www.vaniprakashan.com
marketing@vaniprakashan.in
sales@vaniprakashan.in

Kya Kahoon Main, Main Kaun Hoon
by Mugdha Sinha

ISBN : 978-93-5775-016-5
Poetry Collection

मूल्य : ₹ 399

आर. टेक ऑफ़सेट प्रिंटर्स, दिल्ली-110 032 में मुद्रित

वाणी प्रकाशन का लोगो मक़बूल फ़िदा हुसेन की कूची से

समर्पित

माँ
और
धरती माँ को

रहता सुख़न से नाम कयामत तलक है 'ज़ौक़'
औलाद से तो है यही दो पुश्त, चार पुश्त

—शेख़ इब्राहिम ज़ौक़

प्रस्तावना

मुग्धा सिन्हा बहुमुखी प्रतिभा की धनी हैं। उनकी सर्जनात्मक अभिव्यक्ति के दर्शन उनकी इन्द्रधनुष के रंगों से जगमगाती काँच की बोतलों में होते हैं जिन्हें उन्होंने कबाड़ की नश्वरता से बचाया है। हाल में मुग्धा की कुछ कविताएँ पढ़ने को मिलीं। यह सवाल पूछना स्वाभाविक लगता है कि मुग्धा ने कूँची को अलग सरका कलम उठा कर कविता लिखने का फ़ैसला क्यों किया है? असली सवाल शायद यह है कि कोई भी मनुष्य कविता क्यों लिखता-पढ़ता है? कब हमें अभिव्यक्ति के दूसरे माध्यम कविता की तुलना में अधूरे या कमज़ोर लगने लगते हैं?

कविता के बारे में कहीं पढ़ा था कि बात सिर्फ़ गद्य और पद्य के फ़र्क़ की नहीं। तुकबन्दी भर को आप कविता नहीं कह सकते। कुछ अन्य सरलीकरणों से भी बचने की ज़रूरत है। मसलन, 'वियोगी होगा पहला कवि आह से उपजा होगा गान, आँखों से आँसू बन बह निकली होगी कविता अनजान!' या फिर कविता 'बहुजन हिताय, बहुजन सुखाय' ही लिखी जानी चाहिए आदि। कविता की प्रेरणा और स्रोत कुछ भी हो सकता है। प्रेम, क्रान्ति युद्ध और शान्ति, आसक्ति या विरक्ति, जीवन की क्षणभंगुरता का अहसास या पलभर में कालातीत अस्तित्व की अनुभूति। बहरहाल, मुग्धा की कविताएँ बरबस याद दिलाती हैं रानियेर मारिया रिल्के के कथन की कविता वही करने को बाध्य है जो इसके बिना जीवित नहीं रह सकता। कविता के सृजन का प्रयास कोई भी कर सकता है पर मर्मस्पर्शी पंक्तियाँ तभी जन्म लेती हैं जब कवि का अनुभव संसार व्यापक हो, पाठकों को बाँध सके, उनके साथ आत्मीय नाता जोड़ सके।

सार संक्षेप यह है कि कविता आत्मालाप भी हो सकती है, वार्तालाप भी, नितान्त निजी एकान्तिक और सार्वजनिक सरोकारों से जुड़ी भी। भवभूति इसे जानते थे तभी उन्होंने यह आशा छोड़ी नहीं की निरवधि काल और विपुल पृथ्वी में समान धर्म निश्चय ही उत्पन्न होगा। मुग्धा की रचनाएँ भले ही पहले पहल स्वान्तः सुखाय प्रकट हुई हों लेकिन जब हम तक पहुँचती हैं तो संवाद का निमन्त्रण देती हैं। यह हमें कवि के व्यक्तिगत निजी एकान्त वाले अदृश्य आँगन के प्रवेश द्वार तक पहुँचाती हैं और उन सार्वजनिक सरोकारों का साक्षात्कार भी अनायास कराती हैं जिनसे कतराना किसी भी संवेदनशील मनुष्य के लिए असम्भव है।

यह संयोग है कि मुग्धा को वर्षों का प्रशासनिक अनुभव है। वह गाँव को भी पहचानती हैं और राजधानियों को भी जानती हैं। यायावरी उनके जीवन का अभिन्न हिस्सा है और हर विधा की पुस्तकों को पढ़े बिना कोई दिन पूरा नहीं होता। यह कम आश्चर्य की बात नहीं कि व्यस्त जीवन में भी वह कविता के बिना नहीं रह सकतीं।

मुग्धा की कविताएँ सवाल पूछती हैं खुद से और पाठकों से जवाब देने का आसान रास्ता नहीं अपनातीं। सवाल पूछने वाले लड़के की तरह कविता की पंक्तियों के नाज़ुक धागे उलझे ही छोड़ देती हैं। सुलझे या नहीं इन कविताओं का सुख-दुःख इनको सुलझाने के प्रयास में है। अनेक शब्द चित्र/बिम्ब मर्मस्पर्शी हैं और ध्वनि की अनुगूँज देर तक हमारे साथ रहती है। किसी महाकवि ने कहा है—कोई भी कविता कभी पूरी नहीं होती। जब कवि उन्हें प्रकाशित कर उनको पाठकों के साथ साझा करता है तो महज़ सबसे ताज़ा मसौदा इन्हें सौंप रहा होता है। हम मुग्धा के आभारी हैं कि उन्होंने अपनी यह रचनाएँ हमारे रसास्वादन के लिए प्रस्तुत की हैं।

इनका मुख्य स्वर करुणा का है, संवेदना का। नारी होने का गर्व भी मुखरित होता है तो जीवन्त परम्परा की एक कड़ी होने का ज़िम्मेदार अहसास भी। मुग्धा जब पूछती हैं, 'मैं कौन हूँ?' तब वह तटस्थ और निर्मम बनी रहती हैं—आत्म मुग्धा या आत्म विश्वास से वंचित नहीं।

इस आवाज़ में ताज़गी है और बेचैनी भी। यह आशा और विश्वास नाजायज़ नहीं कि भविष्य में मुग्धा कवि के रूप में अपनी अलग पहचान बनायेंगी।

वर्षों पहले मुग्धा को पढ़ाने का अवसर मिला था। इस बीच बहुत कुछ बदला, जो नहीं बदला वह है मुग्धा की ऊर्जा और उत्साह। मेरे लिए यह सन्तोष का विषय है कि मुग्धा ने इन कविताओं के संग्रह की भूमिका लिखने का मौक़ा मुझे दिया।

अशेष शुभकामनाओं के साथ मैं साभार इन्हें आप तक पहुँचाते हुए अनोखे हर्ष का अनुभव कर रहा हूँ।

—पुष्पेश पन्त

प्राक्कथन

वियोगी होगा पहला कवि, आह से उपजा होगा गान, निकलकर आँखों से चुपचाप, बही होगी कविता अनजान—सुमित्रानन्दन पन्त की ये पंक्तियाँ काफ़ी हद तक मेरी कविता लेखन की यात्रा को व्यक्त करती हैं। दिल का ग़म आँखों में कम और स्याही से काग़ज़ पर नमी छोड़ने लगा तो जिस अनुभूति को कथॉर्सिस कहते हैं, से एक अमूल्य सुकून प्राप्त हुआ। वैसे तो अक्सर मनुष्य अपनी इन्द्रियों से इस संसार को देखता है और रूप, रस, गन्ध, स्पर्श और ध्वनि से महसूस करता है। परन्तु मेरे अन्दर के कुतूहल और जिज्ञासा ने मुझे अन्तरमुखी बना दिया। देख पाना और महसूस कर पाना जब एक सीमा से गुज़र जाता है, तब हृदय और मस्तिष्क, विचारों और शब्दों के बीच अपना एक अलग रास्ता खोजना चाहता है, ठीक वैसे ही जैसे पानी अपनी तरलता एवं सरलता से अपना पथ। पानी हर पात्र में पात्र जैसी अपनी अलग पहचान बना ही लेता है। अनुभूति जल के प्रकार अपने विचार और शब्द खोज लेती है। परिस्थितियाँ बदलती रहती हैं परन्तु दृष्टि की चट्टान और अन्तर्द्वन्द्व के समन्दर के बीच व्यक्ति की कल्पना व उसका नज़रिया, कविता बनकर उसके अनुभव एवं अहसास से जब औरों को आत्मीयता से जोड़ लेते हैं, तो कवि की व्यक्तिगत गाथा पाठकों की सार्वजनिक अनुभूति बन जाता है।

कविता अपने दर्द रूपी स्वार्थ के बोझ को दूसरों के कन्धों पर साझा करने से प्रारम्भ होती है और फिर दूसरों के बोझ को अपने शब्दों की नैया पर सवार हो मुक्त होना चाहती है। कविता हमें उन अदृश्य बन्धुओं से मिलने का एक अवसर देती है, जो या तो हमारा कविता रूपी बोझ उठाते हैं या अपने बोझ का अहसास हमारी कविता में पाकर वैश्विक

बन्धुता महसूस कर पाते हैं। कल्पना और विचार के विस्तार से कविता और कविता के विस्तार से मानव समाज की रचना होती है।

मेरे दिल का रिश्ता, काग़ज़ और क़लम की नब्ज़ से हमेशा जुड़ा रहा, पर हिन्दी में लिखने का साहस मेरे लिए ठीक उस तरह से है, जैसे किसी को जलती हुई आग से, अपने को बचाने के लिए नदी में छलाँग लगानी पड़े, यह जानते हुए कि उसे तैरना नहीं आता। कविता लेखन की इस यात्रा में मैं किस पड़ाव पर हूँ, यह कहना तो मुश्किल है, पर छोटी-सी एक शुरुआत इस रचना से आपके सामने प्रस्तुत है।

—मुग्धा सिन्हा

अनुक्रम

परिचय

क्या कहूँ मैं,
मैं कौन हूँ
इक आग से जन्मि हूँ
इक आग में जाना है
मिट्टी की ज़मीं पर चलती हूँ
मिट्टी के कण-सी, हवा में उड़ती हूँ
मिट्टी में मिल जाना है

क्या कहूँ मैं,
मैं कौन हूँ
ख़्वाइशों का पुलिन्दा दिखती हूँ
ख़ामोशी का चेहरा रखती हूँ
न माला जपती हूँ
न रोज़ा रखती हूँ
इबादत लम्बो पर, सजदे में रहती हूँ

क्या कहूँ मैं,
मैं कौन हूँ
भट्ठी में तप कर पली हूँ
फ़ौलादी इरादे रखती हूँ
मोम का-सा दिल है, आँखों से बरसती हूँ

फिरती हूँ जगह, जगह
पर अपने में रहती हूँ

क्या कहूँ मैं,
मैं कौन हूँ
सितारों की चमक, सोने की खनक
वजूद पर मेरे जँचती नहीं
जो रंग तूने भरे हैं अपनी कूची से
वो रंग इस दुनिया के कहाँ
मंजर सारे देखे, देखूँ अब तुझको भी

क्या कहूँ मैं,
मैं कौन हूँ
नित्य दिन चलती हूँ
हर साँस में बढ़ती हूँ
नदी की भाँति अविरल बहती हूँ
समन्दर-सा ठहराव भी, तेरी
होकर, अपनी भी कहा हूँ, मैं

क्या कहूँ मैं,
मैं कौन हूँ
माला टूटेगी तो मोती मिलेंगे
एक धागे से जुड़ी थी, माँ की
कोख में भी, मोती बिखरेंगे
तो धागा हाथ आयेगा
फिर से, मोह जायेगा, तू समायेगा

क्या कहूँ मैं,
मैं कौन हूँ
धरा में धार-सी
मीरा भी हूँ, राधा भी
शिव की अराध्य भी
नाम से पार्वती का पर्याय भी
शिव हूँ सत्य की खोज में भी

क्या कहूँ मैं,
मैं कौन हूँ
नाम, काम, जामा, जाम
सौ शब्दों में एक ओंकार भी
ध्वनि हूँ प्रतिध्वनि भी, छवि हूँ परछाइ भी
बिन्दु हूँ, निरंकार भी, अर्ध अपने अराध्य की
शून्य भी मैं, सम्पूर्ण भी

क्या कहूँ मैं,
मैं कौन हूँ
जिज्ञासु भी, जानकार भी, अज्ञान हूँ पर अनजान नहीं
शाश्वत हूँ, क्योंकि नेस्तनाबूद से उठी हूँ
पर क्या रखा है कुछ होने में, कुछ पाने में
पा-पाकर खोया है। खो-खो के पाया है
कल्याण तो बस उजड़ के सँवरने में

क्या कहूँ मैं,
मैं कौन हूँ
कण से ढेला, ढेले से मिट्टी, मिट्टी से इमारत बने
इमारत से खण्डहर, खण्डहर खाक में मिले

कुम्हार का पहिया निरन्तर चले
सब समय का फेरा है
कोई कच्चा-घड़ा, कोई सुराही बने

क्या कहूँ मैं,
मैं कौन हूँ
क्या कहूँ मैं,
मैं कौन हूँ

तमन्नाओं का क्या है?

तमन्नाओं का क्या है?
सुबह की पहली अंगड़ाई जैसे
बाँहें फैलाये आसमाँ के तारों को
दामन में समेटना चाहें

तमन्नाओं का क्या है?
सूखे होठों पर तलब जैसे
तरसती प्यास, सागर की लहरों को
मिट्टी के गागर में भरना चाहें

तमन्नाओं का क्या है?
बेलगाम घोड़े की चाप जैसे
अश्वमेघ यज्ञ से, हर फ़रलाँग
धरती को अपने वश में करना चाहें

तमन्नाओं का क्या है
परी लोक में अप्सराओं जैसे
इन्द्रियों के, मायाजाल की मृगतृष्णा से
कल्पवृक्ष को 'बोद्धिसत्व' में बदलना चाहें

तमन्नाओं का क्या है
इस कदर बेताब, सैलाब जैसे
मल्हार से बरसात, राग दीपक की तान से
लौ, नवरत्न कोहिनूर की जलाना चाहें

तमन्नाओं का क्या है?
हर मुस्कराहट की क़र्ज़दार जैसे
ख़ूबसूरत चेहरों पर, रहस्यों की लकीरों से
तश्तरी के सब रंग ज़िन्दगी में भरना चाहें

तमन्नाओं का क्या है?
रावण के दस सिरों जैसे
पनपते, बिन बरसात, हरी घास से
सोने की लंका बसाना चाहें

तमन्नाओं का क्या है?
मोम के पंखों से आईगैरस जैसे
बाज की ऊँची उड़ान से
फलक में, सूरज को छूना चाहें

तमन्नाओं का क्या है?
चंचल तन-मन जैसे
लक्ष्मण-रेखा को मिटा कर, अपने
आप से भी, स्वतन्त्र बनना चाहें

तमन्नाओं का क्या है?
न जाने रब जैसे, अनगिनत
अदृश्य, एक से बढ़कर, सब
कभी न थमना चाहें, बस

तमन्नाओं का क्या हैं?
तमन्नाओं का क्या हैं?
बात तो ज़िन्दगी की है
जो फ़ेहरिश्त में बदलती जाये

बादलों से कहो

बादलों से कहो मेरे आँसू
इस धरती को लौटा दें

पथराई आँखों को उम्मीद है
पसीने से हृदय परिवर्तन की

आसमाँ से कहो धरती का सीना द्रवित है
फटी बिवाइयों के ऊपर महरम लगा दे

बादलों से कहो मेरे आँसू
इस धरती को लौटा दें

कुएँ का पानी आँख से बहता है
मटकों से प्यास झाँकती है

धूप की पतंग, जीवन की डोर काटती है
रेत के टीले, कोख में नदियों के सपने नहीं भूले हैं

बादलों से कहो मेरे आँसू
इस धरती को लौटा दें

पर्वतों से नारद की शंख-नाद की गर्जन होती है
फिर नदियाँ, पगडण्डियाँ कैसे बन जाती हैं?

चाँद भी लहरों को गोद में खिलाता है
फिर सारा पानी कहाँ जाता है?

बादलों को कहो मेरे आँसू
इस धरती को लौटा दें

बाढ़ से आँख में उम्मीद भी धुँधलाई है
हरा नारियल भी सूखा निकला है

सावन में शाख से लटके
झूलों का न्योता स्वीकार करें

बादलों से कहो मेरे आँसू
इस धरती को लौटा दें

यज्ञ की सामग्री उधार है
सन्ताप की अग्नि भी तैयार है

प्रजा आहुति को बेचैन है
यजमान, इन्द्रदेव से कहो—

मेरे आँसू इस धरती को लौटा दें
बादलों से कहो मेरे आँसू लौटा दें

बोझ

एक बोझ ढोती हूँ
बेमौसम बरसातों का

एक बोझ
तुम्हारी यादों का

एक बोझ उठाती हूँ
फ़र्ज़ का

एक बोझ
आधे-अधूरे सपनों का

एक बोझ
मासूम सवालों का

एक बोझ
हाथ की लकीरों का

एक बोझ ढोती हूँ
लिबास बदलती आत्मा का

एक बोझ
इस शरीर का भी

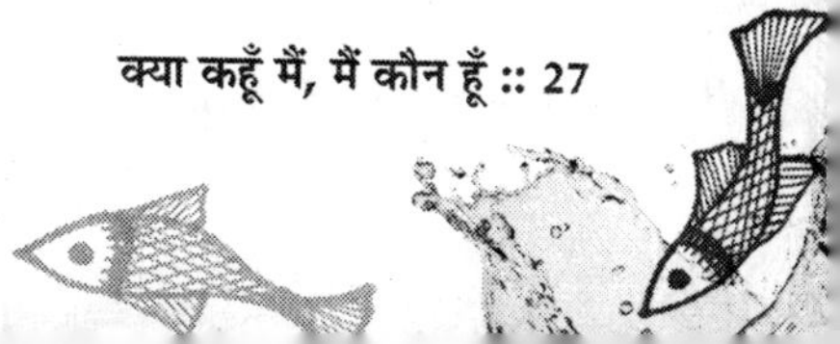

एक बोझ उठाती हूँ
अपनी मर्ज़ी का

एक बोझ
अपने सूत्रधार की रचना का

एक बोझ
वक़्त के, बेवक़्त आने का

एक बोझ
सही समय के इन्तज़ार का

एक बोझ ढोती हूँ
दर्द का

एक बोझ
निरलेप होने का

एक बोझ निरन्तर
मेरे दिल पर भी

तिनके को हवाओं से बचाने का
नाव को निजधाम पहुँचाने का

एक बोझ
इन्सान होने का

माया से मिलकर
मोक्ष पाने का

यात्रा

यात्रा
घर से दफ़्तर की
और उतावलापन
घर लौटने का

यात्रा
घर से दफ़्तर की
और रोज़ आना
प्रयास समय काटने का

यात्रा
घर से दफ़्तर की
और नित्य-प्रतिदिन
तैयारी दफ़्तर जाने की

यात्रा
घर से दफ़्तर की
और उत्साह
केवल यात्रा करने का

एक यात्रा
ज़िन्दगी की भी
देह से रूह तलक
आरम्भ से प्रारब्ध तक

नारी

मिट्टी, गोबर और गेरू से
ईंटों को आवरण ओढ़ाती हो

चावल की चोखर और माँडना से
ग़रीबी की रेखा खींचती हो

माथे के पसीने से
खेतों को सींचती हो

नमक, प्याज और मिर्ची से
भोजन का स्तर बढ़ाती हो

गेहूँ से पेट की भूख, पुआल से
झोंपड़ी का छप्पर सुधारती हो

बाजरे की परिधि तक पैर पसारती हो
चारे से बेचारी गायों को पालती हो

एक समय में दोपहर का खाना पकाकर
रात में टाबर के पढ़ने वास्ते ईंधन बचाती हो

घर में गृहिणी के कर्तव्य निभाती हो, खेतों में
देखभाल से कामकाजी का आत्मविश्वास जगाती हो

कभी चुनाव जीतकर सरपंच बन जाती हो
कभी पति, तो कभी पति की कुर्सी को सँभालती हो

हर इम्तिहान में बिन पुस्तक, खरी उतरती हो
नारी तुम, उम्मीद की किरण

तकदीर साथ क्यों न छोड़ जाये
तुम ग़रीब का भी साथ निभाती हो

सोलह श्रृंगार

मेरे मरने के बाद
सम्पूर्ण संस्कार पूर्ण करना

सोलाह श्रृंगार से, मेरी
आख़िरी इच्छा का मान रखना

त्वचा पर चन्दन का लेप
नेत्रों का दान करना

मुँह में तुलसी और
गंगाजल से वरदान देना

हो सके तो, मेरा
दिल सँभाल कर रखना

पर आँसुओं से, मेरी
आत्मा को बोझिल मत करना

देह के परित्याग में, मेरी
डोली का साथ देना

खाकसार से फूल चुनकर
आकाश में बिखेर देना

मेरे आगमन का न्योता
ख़ुशी से रवाना करना

मेरे मरने के बाद
सम्पूर्ण संस्कार पूर्ण करना

जननी की गोद में
बेटी सदा परायी

अपने आँचल से
मुझे आशीर्वाद देना

मोह मत करना, न
घबराना, कन्यादान से

अपने पिया के घर
ख़ुशी से बिदा करना

मैं पीछे मुड़कर देखूँगी, मेरे
जाने के बाद अफ़सोस मत करना

मेरे मरने के बाद
सम्पूर्ण संस्कार पूर्ण करना

रिवाज है, पीहर आने का
मेरा इन्तज़ार करना

वादा करती हूँ, हर जन्म में
तुम्हारी कोख से ममता का क़र्ज़ चुकाऊँगी

धरती का बोझ कहलाने वाली
फ़ख्र से आसमान का उद्धार कर जाऊँगी

विश्वास रखना, हर बार
बारम्बार, बेटी बनकर आऊँगी

बस, मेरे मरने के बाद
सम्पूर्ण संस्कार पूर्ण करना

नयी सफलताएँ

नयी सफलताओं से
नये रिश्ते मिले, जैसे
मावठ की बौछार में
गेहूँ की बाली पके

नये पायदानों पर
बढ़ते हर क़दम पर
भीड़ में क़द्रदानों की नज़रें इनायत रहीं
जैसे नेवले की बिल तक दौड़
पर चील की पैनी निगाहें गड़ी रहीं

शिखर से उतर भीड़ में
ढूँढ़ने से एक चेहरे का हाव भाव
वैसा ना मिला, जैसे किसी अजनबी शहर में
अपने ही घर का पता पूछ लिया

रिश्तों की उम्र
हमेशा स्वार्थपूर्ण रही
तमगों के विस्तार से
गहराइयों से अनजान रही

नयी सफलताओं से
नये दर्द मिले जैसे
फलों से लदे पेड़ पर
गुलेल से पत्थर के निशाने लगे

नयी सफलताओं से
नये रिश्ते मिले
नयी सफलताओं से
नये दर्द मिले

वक़्त

वक़्त को तसल्ली देते हैं
आँखों में संजो के सपने
वक़्त को थाम लेते हैं
मुट्ठी में बन्द करके अपने
वक़्त ठहरता कहाँ
हथेली में रेत की तरह
छोड़ जाते क़दमों के निशाँ
मंज़िलों में नींव की तरह
वक़्त की आहट को सँभाल
रख गर्मी में पसीने की तरह
वक़्त भी आज़ाद है
एक पल भी थमता कहाँ
वक़्त की रफ़्तार को
क़ैद करते कहाँ
वक़्त की लिखावट, चेहरे
पर झुर्रियों की तरह
दिल हो, दीवार हो, देश हो
चारों दिशाओं में देख लो
वक़्त की बुलन्द दरारें
बेबुनियाद हर जगह
वक़्त के साये में
हमसफ़र बनते हैं, दो ढाई
वक़्त के सफ़रनामों में
साथ चलते हैं, केवल साईं

वक़्त की डोर

वक़्त की डोर को ढील दो
उड़ान भरने दो ज़िन्दगी को
वक़्त की मुठ्ठी से
भूत की परछाइ को
काल की गिरफ़्त से, स्वतन्त्र
भविष्य की कल्पना करने दो

आज में कल की झलक है
वक़्त, नीर की तरह सरल है
बहने दो ज़िन्दगी को
तूफ़ान में तिनके की तरह
ज़मीन से जुड़े, गगन
चुम्बी दरख़्त बनने दो

हवाओं से बातें करने दो
महत्त्वकांक्षाओं को
पूरा कर लो
पल भर में, चख लो
एक बूँद शहद की तरह
रस सारी ज़िन्दगी का

वक़्त की डोर को थाम लो
उड़ान भरने दो ज़िन्दगी को
पतंग की तरह, वक़्त की
अँगुलियों को थाम लो, दो
क़दम, पायदान से परवान
चढ़ने दो ज़िन्दगी को

वक़्त की डोर छूट जाये अगर
बीच मँझदार में माँझी की तरह
डूब के पार कर लेना, इम्तिहान
वक़्त का, हवा में बुलबुले की तरह
वक़्त की दीवार लाँघ जाना
अम्बर से, बरसात की तरह

जो टूट जाये वक़्त की डोर
सब्र के बाँध की तरह
आलिंगन कर लेना
वक़्त की धड़कन को
सुई की आँख से गुज़र के
कह देना अलविदा इस संसार को

यक़ीन

कश्ती को
क्षितिज में डूबते देखा है, आँखों की नमी को
समुन्दर की गहराई में उफनते देखा है

सूरज को
धरती पर पिघलते देखा है, इन्सान को
सितारों में बदलते देखा है

रिश्तों का
गणित बनते-बिगड़ते देखा है, ममता को
बचपन की हठ से पिघलते देखा है

मोहब्बत को
महबूबा के आगोश में सिमटते देखा है, चेहरों के
आईने में दुनिया का मंजर देखा है

कुदरत के
करिश्मे में ख़ुदा का इशारा देखा है, जोश के
सैलाब को कामयाब देखा है

आग में
पसीने को राख होते देखा है, तक़दीर को
मेहनत से तावीज़ बनते देखा है

हर जर्रे में
तेरा अहसास देखा है, हर अहसास में
तेरा कमाल देखा है

संगमरमर की
मूरत में यक़ीन देखा है, हर यक़ीन में
सब्र का मुस्तकबिल देखा है

फ़र्ज़

जब पगडण्डियों में उलझ गयी थी, ज़िन्दगी
तब फ़र्ज़ की राह से आसान हुई
कभी दिशा सूचक यन्त्र बन, हवाओं के
रुख की पैमाइश को आसान किया
कभी उबड़-खाबड़ रास्तों में लाठी बन
चलते रहने में हौसला अफ़ज़ाई, अता फरमाई
शुक्र है! परवरदिगार तेरा, फ़र्ज़ था तेरे दामन जैसा
रुसवाइयों में रहनुमाई-सा, धूप में छाँव-सा
तेरे होने का, अहसास ही, अहसास भी
फ़र्ज़ की अँगुली थामे बस चलयमान रही
कब क़ब्र से क़िस्मत क़ाबे तक ले आई
कब ज़मीं के कंकड़ो से निगाह उठी
फलक के सितारों से जा मिली
कब फ़र्ज़ से कायल, दुनिया से बेज़ार हुई
कब तुझसे आँखें दो चार हुईं
कब तेरे इश्क़ में मलंग, सराबोर हुई
फ़र्ज़ की पहरेदारी, पैरवी करते-करते
बन्द तिजोरियों के किवाड़ कब खुल गये
उठे सर को झुकाने में फ़र्ज़ भी फ़ख्रमन्द हुआ
कब एक मामूली इन्सान से मैं
तेरी मोहब्बत के क़ाबिल बन गयी

परम्पराएँ

भूल जाने की
सज़ा ही तो है
विषम परिस्थितियों को
कि हिसाब माँगते हैं
साहूकार
हर मुस्कराहट पर

भूल जाने की
सज़ा ही तो है
ग़म के सैलाब को
फ़ब्तियाँ कसते हैं
रिश्तेदार
महफ़िल में शरीक होने पर

पी जाने की
सज़ा ही तो है
विष और दर्द को
सवाल करते हैं
ठेकेदार
ज़िन्दा होने पर

भूल जाने की
सज़ा ही तो है
समय के क्रूर चक्र को
शक करता है, मन्दिर का
पुजारी भी
मेरी आस्था पर

खो देने की
सज़ा ही तो है
अब तो टूटे हुए आईने का
प्रतिबिम्ब भी
घायल करता है
मेरी आत्मा को

भूल जाने की
सज़ा नियत है, निहित है
बिन तुम्हारे
वीरान जीवन में
फिर यह सज़ा
कई-कई बार क्यों?

समय

समय की डोरी पर
कपड़ों से टँगे हैं सब
आवरण सारे तन के
बेपर्दा हर वक़्त, हाथ
हवा के, कठपुतली
पानी में भिगोये भी गये
धोये, निचोड़े भी, पर निखरे
तप और वक़्त से
भीगे हुए डोरी पर भारी
सूखे हुए गुरुत्वाकर्षण पर
पर क्या सूखा क्या भारी
हवा के एक झोंके से
भीगा भिखारी, सूखा सेठ बन जाये
भारी बैठ जाये, गीला सूख
सूखा कैसे मदमस्त लहराये
क्या यह खेल मात्र हवा, पानी, तप का
या है कोई योगदान कपड़े का भी
जो ढाके तन, क्या वह भी खोजे है शरण?
धोबीघाट यह दुनिया सारी
समय की थापी के इन्तज़ार में
पानी में घुलती, हवा में झूलती

कपड़ों के आस्तित्व को परखती
समय गवाह है छतों पर डोरियों का
डोरियों पर कपड़ों के लटकने का
हवा के चलने, सूरज के निकलने
पानी के बरसने का
क्या वह अनभिज्ञ हो सकता है
डोरी पर टँगे कपड़ों की तासीर से?

वह लड़का जो अनगिनत सवाल पूछता

वह लड़का जो अनगिनत सवाल पूछता
जवाबों के धागे इकट्ठा करता
गहनता से उनको परखता
कुछ और सवाल करता, फिर
लम्बे अन्तराल के लिए ग़ायब हो जाता
क्या पता वह धागों के गट्ठर से
कौन-सी कशमकश की कुश्ती खेलता

हम क्या जानते हैं उनके बारे में जो—
किताबें,
पुररस्कार,
दौलत,
शोहरत,
सामान,
मोटापा या
ग़म इकट्ठा करते हैं

हमें पता है तो सिर्फ़ इकट्ठे कि तासिर—
कि माया को माया मिले कर, कर लम्बे हाथ
किताबों को अलमारी,
पुरस्कारों को सजावट,

दौलत को तिजोरी,
शोहरत को शाबाशी,
सामान को धूल,
मोटापे को बीमारी,
और ग़म को बाज़ार

पर यहाँ सवाल है धागों का
धागों की क्या क़िस्मत है–
बुनना या पुनना
उलझना या सुलझना
मकड़ा जाल बुनता है
और जुलाहा जाजम
धागा वही, प्रक्रिया वही
परिणाम अलग

जैसे दो कानों के बीच सर है
धागे के दोनों सिरे के बीच कहीं
असल विस्तार है सम्भावना का
और इसी सम्भावना के विस्तार में
इसके गर्भ में जिज्ञासा का
सर्प रूपी विशालकाय संसार है
इसीलिए शायद वह लड़का
अनगिनत सवाल पूछता है
धागों के जवाब इकट्ठा करता है

उसे पता है पूछने से रास्ता
पूछते रहने से चलना
चलने से आदत

चलते रहने से ताक़त
बुनने से कबीर
बुनते रहने से तक़दीर
भागने से भँवर
भाव से भगवान

वह लड़का जिज्ञासु है
विचारक है
वैज्ञानिक है
विस्तारक है
फकीरा है
वह टूटे धागे के एक सिरे को थामे
चल पड़ा है अपने सवालों की लालटेन लिये
इन्सान को संसार की सम्भावना से मिलाने
दूर क्षितिज पर नया इतिहास लिखने

इच्छा

पैरों में
छालें हैं
पीठ पर
ख़ंजर के घाव
दिल लहुलूहान है
आँखों में
सात समुंदर का खारा पानी
हर बार
गिर कर ख़ुद ही उठी हूँ
अकेली,
निहथी,
पर हौसले से डटी
हक के लिय
नौ छा वर हो जाऊँगी
एक पत्र छॉव
भीख में स्वि कार नहीं
फकीर हूँ- तन, मन, धन
से, खर्च हो के जाऊँगी
अग्निपथ की अग्नि से
इतिहास बनाऊँगी
अपने पथ की
पथिक कहलाऊँगी

ज़िन्दगी

खुला आसमान था
सूरज था
साल के पेड़ थे
हवा सरद थी
और पाँव थक के
ठहर गये थे
एक गर्म प्याली
चाय के साथ
उदगारों की बस्ती में
हम सोच में डूब गये
एक दिन बस यूँही
ज़िन्दगी ठहर जायेगी
और हमारी खुशबू
हवा बन जायेगी
यूँही किसी की
चाय में घुल जायेगी
समय का फेरा है
हवा कभी नर्म
कभी गर्म, और
कभी सरद रहेगी

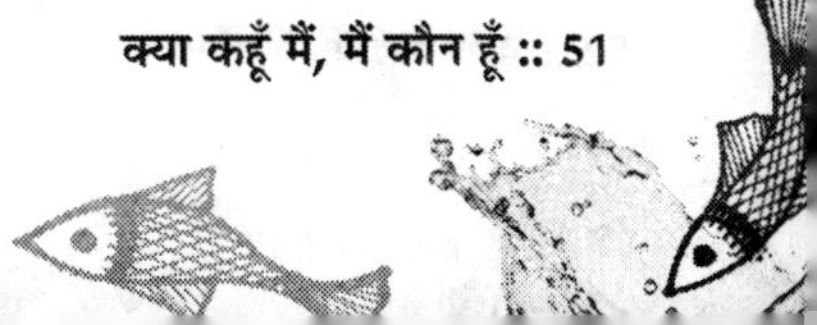

और फिर ठहर जायेगी
क्या पता बस एक
ऐसी सी तस्वीर
किसी के मन मस्तिष्क
में भी रह जायेगी
उन ठहरे हुए पलों की याद में
जो हवा बन गये
जब कुछ नहीं रहता
तो एक धुँधली सी
तस्वीर रह जाती है
उसकी जो कभी
हुआ करता था

खुला आसमान था
सूरज था
साल के पेड़ थे
हवा सरद थी
और पाँव थक के
ठहर गये थे
एक गर्म प्याली
चाय के साथ
उदगारों की बस्ती
और हमारी सोच
झोपड़ी की पृष्ठभूमि
समय, दिनाँक सब
ओझल हो जाता है
रह जाती है सिर्फ
एक तस्वीर, याद की

कि–कोई था, कुछ था
कैसे यह सारी ज़िन्दगी
बस एक तस्वीर
एक याद बनाने में
व्यतीत हो जाती है

आभार

बहुत सोचा
कुछ उनके बारे में भी जाये लिखा
जिन से दर्द बहुत मिला

हिसाब हर कड़वे घूँट का
ज़हर का भी मंथन किया
अमृत का एक कश न मिला

शब्द खोजते हैं
उनके लिए जो
अपने न हो सके

दर्द पालते हैं उनके
जो चोटों के घाव दे गये
चेहरे पर चेचक के दाग़ की तरह

टूटे दिल की क़लम से स्याही
क़तरा-क़तरा कतराइए, अलफ़ाज़ों की
एक पूरी पंक्ति न लिख पायी

मानो शब्दों ने भी उन्हें, अपने
अहसासों से पराया कर दिया, रिश्ते
बोने पड़, विशाल शब्दकोश में समा गये

मुँहासों में पस की तरह
दर्द विरासत में मिला
क्या हुआ, अगर

हम अमर ग्रन्थ नहीं लिख पाये
हर किसी को अलविदा
आभार देकर किया

एक फूल गुलाब का

एक फूल गुलाब का, मुरझा
कर बिखर क्या गया, मानो
सारा बग़ीचा ही वियावान हो गया

अब गुलाब की जगह
अपने किसी प्रिय का
नाम रख कर दोबारा पढ़ो

मैं क्यों आग में जली हूँ

मैं क्यों आग में जली हूँ
अलग अलग युगों में
अलग अलग स्थानों पर
अलग अलग कारणों से
अलग अलग नामों से

मैं क्यों आग में जली हूँ
तन से, मन से, तप से
तिरस्कार से, ताड़ना से, प्रताड़ना से
दक्ष के यज्ञ में, शक की अग्नि में
अज्ञानता की सूली पर, दहेज की दहलीज़ पर

मैं क्यों आग में जली हूँ
तिल, तिल झुलसा है
क्यों मोम-सा देह मेरा
मिटते, मिटते भी हर अंग से
शक्ति पीठ छोड़ गयी हूँ मैं

मैं क्यों आग में जली हूँ
क्यों स्वयं से सवः हो गयी मैं
स्त्री थी, सहवन से माँ, बेटी, बहन,

पत्नी, दोस्त और कामकाजी बन गयी
जजमानों की पूजनीय, फिर प्रसाद

मैं क्यों आग में जली हूँ
अक्सर तुम्हारे पौरुष की रक्षा
अपने अस्तित्व को दाँव पर लगा के की हैं
जिस अग्नि के फेरे लेकर, वचन लिये थे
प्राण प्रिय कहकर प्रतिष्ठित किया था सेज

मैं क्यों आग में जली हूँ
क्यों बारम्बार उसी सेज पर जली हूँ
फिर कैसे तेरे इतिहास के पन्नों में
तू ताक़तवर बन जाता है और मैं बस
रह जाती शिव की शक्ति, संसार की जननी

मैं क्यों आग में जली हूँ
तेरी ममता, मनहारी, माननीया होकर
मैं कैसे अदृश्य रह जाती हूँ
मैं स्त्री नहीं, मैं इन्सान नहीं, किस पैमाने से
मैं देह, मैं मांस, मैं लाश कहलाती हूँ

मैं क्यों आग में जली हूँ
और फिर भी, हर बार तुमसे
अलग परिणाम की आशा रखती हूँ
मैं क्यों, कहाँ कमज़ोर पड़ जाती हूँ
मैं अपनी शक्ति से अनभिज्ञ, क्या इसलिए

मैं यूँ आग में जली हूँ
मैं, इतिहास बदलने वाली
मैं, नया इतिहास लिखने वाली
सृजन की देवी की उपमा से सुशोभित,
सदियों से, वही पुराना इतिहास दोहराती आयी हूँ

मैं क्यों आग में जली हूँ
मैं क्यों आग में जली हूँ
मैं क्यों आग में जलती आयी हूँ

रिश्तों की शक्ल

रिश्तों की शक्ल, हमेशा
वैसी नहीं होती, जैसी
मुखौटों से झलकती है
कभी-कभी मुखौटों को
भी अपनी ही शक्ल से
मोहब्बत हो जाती है

प्रतिबिम्ब पानी में
आँखों में, शीशे में
नार्सिसि का मुखौटा
पहन के आता है
और पानी को, आँखों को
शीशे को धुँधला कर जाता है

मुखौटे अपने प्रतिबिम्ब में
उलझ के रह जाते हैं
मुखौटों की मोहब्बत की
शौर्य गाथाओं से प्रेम के
बाज़ार में व्यवसाय बना रहता है

रिश्ते कितने भी क्षणिक क्यों न हो
मुखौटे अक्सर सदाबहार होते हैं

नदी और तट

नदी और तट
दूर तक साथ निभाता है
फ़ासले कितने भी हो दरमियाँ
साहिल कहलाता है

नदी का वेग
चंचल क्यों न हो
तट अपनी स्थिरता से
उसे बाँधे रखता है

नदी का उफ़ान
अपने प्रहार से तट काटता
ही क्यों न हो, बाढ़ में भी कहीं
एक किनारा नजर आता ही है

नदी जब सूखती जाती है
रिश्ते की गहराई को
बनाये रखने के लिए
तट, टापू बन जाता है

नदी अगर विलोपित
हो जाये, तो

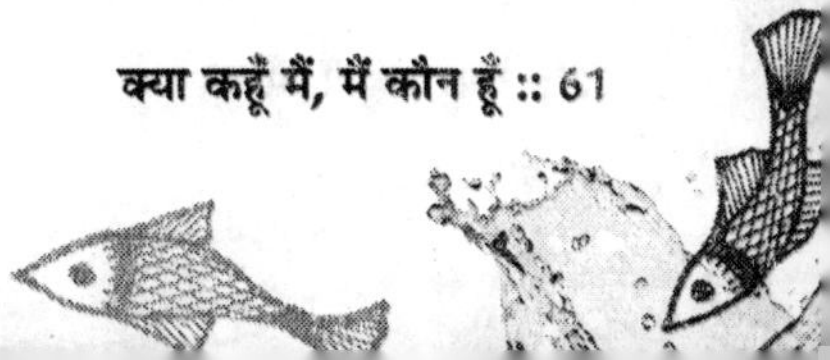

तट के सीने पर दरारें
कब्रिस्तान की तरह छा जाये

नदी से तट का जीवन है
तट से नदी का अस्तित्व
दोनों पूरक हैं फिर भी
रास्ते हैं, अलग-अलग

साथ है
स्पन्दन है
बन्धन है
रिश्ता है

कोई ज़ोर नहीं
इस बन्धन में
कोई नाम नहीं
इस रिश्ते का

क्या ऐसी दोस्ती
मुमकिन नहीं?
क्यों ऐसी दोस्ती
हासिल नहीं?

पानी

चंचल, चपला नीर
आँखों में ठहर जाता है

निरन्तर प्रवाहित गंगा
बोतल में क़ैद हो जाती है

विशाल तरंगित सागर
अंजुल में समा जाता है

जल हर पात्र में अपना
अस्तित्व छोड़ जाता है

पानी-सा दूजा नहीं कोई सानी
फिर भी किसने समझी इसकी कहानी

वर्षा, वाष्प , बुलबुला और पानी
अविरल होकर भी स्थिर प्रज्ञ है पानी

बूँद

समुन्दर की कुछ बूँदें
बारिश की देन हैं
पर यह आधा सत्य है
पूरा सच दरिया से
गुज़रता हुआ, गली-कूचों और
गन्दी नालियों से होता हुआ
घर के किसी कोने में नल से
पानी की तरह टपकता है

अंजुली भर समन्दर से
सच की प्यास, कहाँ तृप्त होती है?
समन्दर की परिधि
नाविकों के गणित पर आधारित है
समन्दर की गहराई
ध्वनि गुंजन की सच्चाई
उसकी परिधि गहराई में नहीं
उसके अस्तित्व में है

और समन्दर का अस्तित्व
उसके चेहरे पर, पानी के

आईने में झलकता है
अपशिष्ट भरा दरिया भी
गंगा कहलाता है, आस्था के अंश से
एक बूँद, कभी नल का पानी
कभी गोमुख की अमृतधारा और
कभी समन्दर का खारा पानी बन जाती है

पर यह भी आधा सत्य है
अलग
हर बूँद
आधा सच ही रहती है
और समन्दर में
हर बूँद
एक ही नाम से
जानी जाती है

सत्य का साहित्य
समय से बदलता है
कई बार आधा सत्य ही
कारगर साबित होता है
सत्य की खोज
एक बूँद से समन्दर बन जाती है
कभी अंजुल भर पानी
कभी अम्बर, एक आसमानी

एक बूँद, कभी विशाल समन्दर
कभी सिर्फ़ पानी, जैसे सत्य की

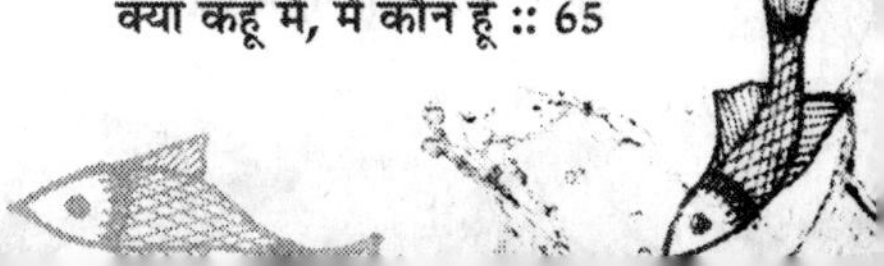

खोज, तथ्यों से बेमानी
बारिश की एक मीठी बूँद भी
समन्दर में नमकीन-सी, खारी
सत्य की कड़वाहट ही
सत्य की तासीर बन जाती है

खोज

इस जीवन का मकसद अगर
एक खोज है, तो खोजना क्या है?
इसके ख़ज़ाने से ढूँढ़ना क्या है?
उस ख़ज़ाने में, से मिलना क्या है?

गर यूँ समझा जाये कि जीवन
और उस जीवन की खोज
अलायदा नहीं एक है, जीवन ही
खोज है, खोज ही जीवन है

इस प्रश्न का उत्तर एकाकी है
प्रश्न ही उत्तर, जीवन ही ख़ज़ाना
तो खोज की प्रक्रिया ही उद्‌देश्य
तो सब का सार केवल ख़ुदायी

सोच

उमंगों की तरंगों के संग
तितलियों के रंगों के संग
गुलाब की पंखुड़ियों के संग
इत्र की ख़ुशबुओं के संग

सावन में झूलों
बहारों में वादों
सरगम में सुरों
पतझड़ में हवाओं

आसमाँ में तारों
सागर में लहरों
ज़िन्दगी में साँसों
अग्नि में अंगारों

प्रेम में प्रीतम के संग
मृत्यु में मोक्ष के संग
अन्तरंग
ज़िन्दगी के रंग

बेरंग, सतरंग
सब कल्पना के अंग
सोचो तो संग
न सोचो तो सब भंग

तोहफ़ा

तुम्हें क्या दूँ मैं तोहफ़े में
ऐसा जो तुम्हारे पास नहीं

ज़रूरत का सब असला
ज़रूरत से ज़्यादा और

चाह का आलम, दर्द के
दरवाज़े की पहली दस्तक

देना ही है तो सब्र दे दो
या इन्तज़ार ख़त्म कर दो

नज़र दे दो, हुनर दे दो
कर्म दे दो, चैन दे दो

अपनी रुहानियत का
पहला अलफ़ाज़ दे दो

रुह को आगाज़, इस
आवाज़ से सँवार दो

नियामतें

इरादों की परतों में,
सूरज की गर्मी है

सहनशीलता के गर्भ में,
क़ब्र की तसल्ली है

निगाहों के पैमाने में,
तरकश के तीर है

जुबाँ के अलफ़ाज़ों में,
मिश्री के तबर्रूक हैं

ख़ौफ़ करो,
ऐसे इन्सानों से

जिनमें, ये सारी
नियामतें हैं

यिन-यांग

सुख में मातृत्व का स्पर्श
दुख में सृजन की शक्ति

भू-गर्भ में जननी-सी नव चेतना
नभ में सींचने की इच्छा शक्ति

चाँद रात्रि का चिराग
सूरज में प्रबल दिव्य दृष्टि

पुरुष में पौरुष
स्त्री में सहनशक्ति

बिना दूसरे के
दोनों अधूरे

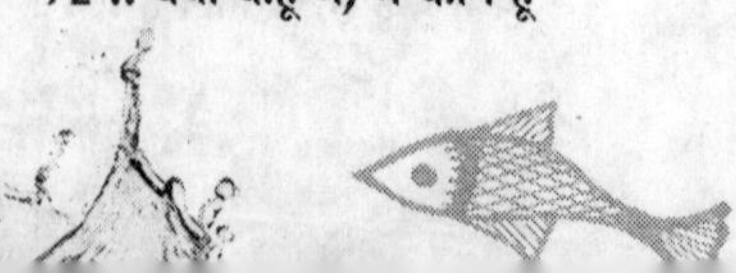

सफ़र के मुसाफ़िर

सफ़र के मुसाफ़िर छोड़ जाओ,
अपने क़दमों के निशान
अपनी क़लम की स्याही से
शब्दों में अपनी पहचान

दिल के भेद
आँखों में अनेक
वाणी के वेग से, खोल दो
कपाट हृदय-पटल के

सफ़र के मुसाफ़िर
छोड़ जाओ,
मील के पत्थर
अपने आदर्श विचारों से

तोड़ दो, काल के बन्धन
कर्म के कार्य-कलापों से
जन्मों के तार, सितारों
भरे आकाश में

बन जाओ धरती पर
एक नूरानी तारा

सफ़र के मुसाफ़िर छोड़ जाओ
उम्मीद की एक किरण, आशा के रंग

जो पिघला के स्याही बना दे
शब्दों को तराश के ग्रन्थ लिख दे
कलिंग के सम्राट अशोक को
बुद्ध का प्रचारक बना दे

छोड़ जाओ एक निशाँ
जो इन्सान को, इन्सान से
मिला दे, जो इस
संसार को आईना दिखा दे

खोकर जमीर

क्या पाओगे
ख़ोकर ज़मीर, क्या
साँसों को रोक पाओगे
अन्त समय पर
उन चीज़ों से
जिनके लिए गँवाये
कई सुनहरे पल

तारों की रोशनी में,
ओझल हो जायेंगी
सफलता की चमक
जिनको छोड़ जाओगे
उनके क्रन्दन में, क्या
सुनाई देंगी सिक्कों की खनक

आँखों का नूर
डब-डबा जायेगा
जब दवा नहीं
दुआ का वक़्त आयेगा
बोलो! क्या पाओगे
खोकर ज़मीर

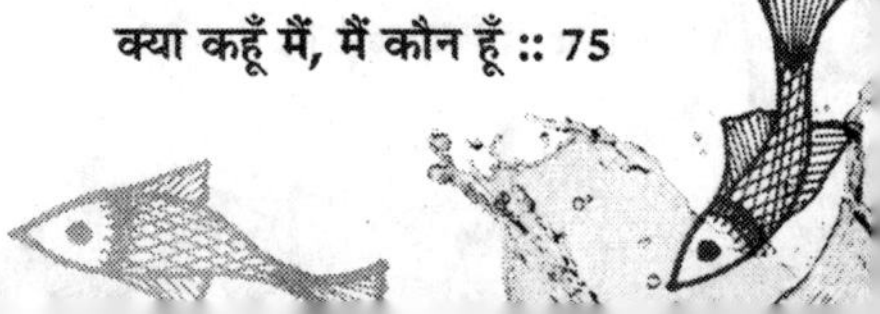

क़ैद कर पाओगे क्या रुह को
आलिशान महलों में
क्या लम्बी गाड़ियों की क़तार
से क़िस्मत की रेखा लाँघ पाओगे
ढूँढ़ते रह जाओगे
अर्थ को, व्यर्थ में

क्या हवाई जहाज़ में
उड़ पाओगे एक्सेस
बैगेज़ के साथ
क्या सो पाओगे
तल्लीनता की नींद
साहूकार की चौखट पर

क्या चुका पाओगे सूद
ज़मीर पर लगे पैबन्ध का
क्या वापस आओगे
फिर से जाने के लिये
क्या जी पाओगे
क्या मर पाओगे
खोकर ज़मीर

मौन

शब्दों के रूप अनेक
प्रवृत्ति एक

जिह्वा के छोर पर
कण्ठ से वाणी बनाने को तत्पर

क़लम की नोंक से
सरगम में बहने को तैयार

और प्यार में किसी के
हर भाषा में शर्मसार

दिल से ज़ुबान का सफ़र
आँखों से तय हो

और क़लम की स्याही
धड़कनों में क़ैद हो

शब्दों में अर्थ
खोजते रह जाओगे

कभी समझो मौन को
इसकी अपनी भाषा है

मौन ही भाषा है
कोई शब्दकोश नहीं

शब्दों के रूप अनेक
प्रवृत्ति एक

अक्सर ऐसा होता है

अक्सर ऐसा होता है
तेरी याद में, आँसू बहते हैं
जैसे पतझड़ में, शाख से
पत्ते गिरते हैं

अक्सर ऐसा होता है
सर्द हवाओं में दिल मचलता है
जैसे अँगीठी की आग से
कोयला जलता है

अक्सर ऐसा होता है
दर्द आदत बन जाता है
जैसे हर बारिश के बाद
कुल्हड़ में चाय का आनन्द आता है

अक्सर ऐसा होता है
साँसें थमती हैं, ज़िन्दगी चलती है
जैसे सुई के पीछे धागा
और मुर्दे के पीछे जनाज़ा

अक्सर ऐसा होता है
हम ज़िन्दगी में प्यार

ढूँढ़ते हैं और प्यार में
जीने मरने की क़समें खाते हैं

अक्सर ऐसा होता है
और हम सोचते रह जाते हैं
हम न जीते हैं, न मरते हैं
बस मौसम रंग बदलते हैं

क़लम

क़लम निरन्तर चलती है
शतरंज की बिसात बिछी है
काले-सफ़ेद पियादों से, गिरगिट-सी
रंग बदलती चालों का हिसाब रखती है

क़लम निरन्तर चलती है
घोड़े के ढाई घर, वज़ीर के कई विकार
चौंसठ खानों के सब शिकार, शह और मात
राजा के संग प्रजा भी ढेर

क़लम निरन्तर चलती है
हाथी की सीधी चाल, हठी रानी के
आत्मघाती ख़याल, मोहरों की
राजनीति में षड्यन्त्र के कई प्रकार
जैसे चौदह साल, वनवास

क़लम निरन्तर चलती है
कभी कछुए की चाल
कभी मस्तिष्क की बनकर ढाल
क़लम निरन्तर रचती है, कभी व्यूहचक्र
कभी प्रश्नचिह्न वाले कई सवाल

क़लम निरन्तर चलती है
अक्षर से इतिहास
कहानी बदलती रहती है
इतिहास, गवाही देता है
क़लम निरन्तर रचती है

एक शब्द ही काफ़ी है

जंगल में एक हिरण, काफ़ी है
मृगतृष्णा के लिए
रेगिस्तान में एक बूँद, काफ़ी है
प्यास बुझाने के लिए

समुन्दर में एक लहर, काफ़ी है
डूब कर पार जाने के लिए
मन में एक शंका, काफ़ी है
सीता की अग्नि-परीक्षा के लिए

आसमाँ में एक तारा, काफ़ी है
यीशु के एलान के लिए
राह पर एक क़दम, काफ़ी है
कारवाँ बनाने के लिए

जगमगाते दीपक की एक लौ, काफ़ी है
भँवरे को तड़पाने के लिए
तितली का एक चुम्बन, काफ़ी है
बग़िया महकाने के लिए

प्यार की एक कुर्बानी, काफ़ी है
लैना-मजनूँ कहलाने के लिए

सीप में एक बूँद, काफ़ी है
मोती बनने के लिए

आँख से गिरता एक आँसू, काफ़ी है
सैलाब को समन्दर होने के लिए
दिल में एक फाँस, काफ़ी है
होठों पर तराना गुनगुनाने के लिए

बेबफ़ाई एक बार ही, काफ़ी है
उम्रभर पश्चातत्ताप के लिए
जुए का एक दौर, काफ़ी है
महाभारत के लिए

आस्था का एक अंश, काफ़ी है
पत्थर में जान फूँकने के लिए
नदी का एक किनारा, काफ़ी है
ऋग्वेद लिखने के लिए

यमदूत एक ही, काफ़ी है
जीवन-मरण का हिसाब रखने के लिए
एक साँस का रुकना, एक दिल का न धड़कना ही
काफ़ी है, ज़िन्दगी से अलविदा कहने के लिए

कभी एक शब्द ही, काफ़ी है
ज़िन्दगी भर के लिए और कभी
कई ज़िन्दगियों का सार भी अधूरा है
एक कविता लिखने के लिए

सवाल

काश! कुछ सवालों के जवाब होते
जैसे सवालों को भूख क्यों लगती है
आधे-अधूरे जवाबों से भूख क्यों मिटती नहीं
ज़िन्दगी क्यों सवाल बन जाती है
लमहों से हिसाब माँगती है

ख़शियाँ क्यों नेस्तनाबूद हो जाती है
आँखों में आँसुओं के सवाल छोड़ जाती है
क्यों कुछ कहने के लिए समय कम पड़ जाता है
वक़्त आने पर व्यक्ति नहीं रहता है

रिश्तों के दायरों में वादे नहीं निभते
बिन वादों के रिश्ते भी तो नहीं बनते
हर मोड़ पर एक सवाल मिलता है
आधा सवाल भी पूरा जवाब माँगता है

पगडण्डियाँ, मंजिलों के फ़ासले तय करती
तमन्नाओं से ज़िन्दगी नहीं कटती
और माँगने से मौत नहीं मिलती
प्रश्नों के गर्भ में उत्तर मिलते हैं, जैसे
सूरज की रोशनी से रात में भी तारे चमकते हैं

क्यों ढाई आखर, 'प्रेम' का
सृष्टि की रचना करता है
दुनिया का सारा ज्ञान भी
उसके आगे फीका पड़ जाता है

क्यों कोई जवाब तलाशने से गीता का सार बन जाता है
लेकिन मिलने पर एक और सवाल छोड़ जाता है
क्या अपने ही वजूद से लड़ा जाता है
क्या बुद्ध को बिन माँगे ही निर्वाण मिल जाता है

क्या तथ्यों से तृप्ति होती है
या सवालों से जिज्ञासा मिटती है
सरी बात 'क्यों-से-क्या'
पर आकर सिमट जाती है
क्यों है ऐसी, क्या यहीं है ज़िन्दगी?

तुम्हारी मुस्कराहट

काले घने बादलों को चीरती
बिजली-सी, रोशन
तुम्हारी मुस्कराहट

सितारे भरे गगन में
टूटते तारे की, झलक भर
तुम्हारी मुस्कराहट

पत्तियों, झाड़ियों के मध्य
टिमटिमाते जुगनुओं-सी
तुम्हारी मुस्कराहट

सागर की लहरों से धुली रेत पर
लुका-छिपी खेलती, शर्म सार-सी
तुम्हारी मुस्कराहट

नीले गुलाब की अधखुली
पँखुड़ियों पर ओस की बूँद-सी
तुम्हारी मुस्कराहट

उषा की दूरस्थ किरण से
शीतल पेय में तब्दील होती, पिघलती बर्फ़-सी
तुम्हारी मुस्कराहट

सुर्ख़ लाल होंठों से दमकते कातिल दाँतों वाली
मक्की के दानों पर पात्ती का आवरण ओढ़े
तुम्हारी मुस्कराहट

ग़रीब की कुटिया में काँच की लालटेन से
धुआँ छोड़ती, डबडबाई सी
तुम्हारी मुस्कराहट

गुल्लक में खनखनाते सिक्कों सी
चंचल, अल्हड़
तुम्हारी मुस्कराहट

सदियों से बन्द पड़ी किताब
के पन्नों में दबी, एक मोर पंख जैसी
किसी की याद दिलाती, तुम्हारी मुस्कराहट

मैं तो सदा यूँ ही मुस्कराती रही
तुम्हारी मुस्कराहटें, मेरी मुस्कराहट का
प्रतिबिम्ब बनकर, समय के शीशे में क़ैद है

तुम मेरी नज़र से
मैं तुम्हारी मुस्कराहट से
एक अटूट बन्धन मे बंधे है

प्रतिज्ञा

तीर को करना होगा तरकश का त्याग
भेदनी है, ग़र मछली की आँख

बूँद को बादल से होगा बिछड़ना
देखा है, ग़र मोती बनने का ख़वाब

नाविक को छोड़ना होगा तट का मोह
जाना है, ग़र मँझधार से गुज़र उस पार

साँसों को तोड़ना होगा लोह का पिंजरा
रक्त को, कोशिकाओं से मुँह मोड़ना होगा

धड़कनों को वक़्त के दायरे से फिसलना होगा
आत्मा से, देह के आवरण को सिमटना होगा

चखना है, ग़र परमात्मा की अमृत धारा को
शून्य से, निखरना होगा अन्तर्मन के सूरजमुखी को

अभिमान

कुम्हार अपनी सुरमईदार सुराही पर
किसान खेत में लहलहाती सरसों पर
लेखक स्याही से लिखे चन्द अलफ़ाज़ों पर
मज़दूर अपने ख़ून-पसीने पर

कोई वीर्य पर
कोई बौद्धिक विचारों पर
सेवा, शहादत और श्रद्धा पर
अभिमान करते हैं

माटी के खिलौने, माटी में मिल जायेंगे
सब नश्वर है, शाश्वत कैसे रह पायेंगे
कभी माटी से भी तो पूछो
क्या उसे अभिमान है अपने कण पर?

मेरा ख़ुदा

मेरी तूलिका, तश्तरी के सब रंग पहचानती है
पर एक ही रंग से तमाम दुनिया की तस्वीरें
कैनवास पर उकेरती है

मेरी बरू बग़ावत का हर स्वर पहचानती है
पर एक ही दर्द से काग़ज़ की रूह को
भाव-विभोर करती है

मेरी तक़दीर हाथ की हर रेखा का नसीब पहचानती है
पर एक ही मंजर से
बार-बार गुज़रती है

मेरा ख़ुदा
मेरी इबादत का हर सूँ पहचानता है
पर एक साँस सुकून के लिए
कई-कई बार, हाज़िरी लगवाता है

कुछ देर अकेला छोड़ दो

मेरी तनहाइयों से कहो,
कुछ देर अकेला छोड़ दे
चाँद में लिपटी रात
धुँध में ढली सुबह
चन्द घण्टों का सफ़र
रहने दो, इन्हें मेरा हमसफ़र

मेरी परछाइयों से कहो,
कुछ देर अकेला छोड़ दें
साये-सा पीछा न करें
वक़्त से कहो, न
ठहर जाये कहीं
दिल की धड़कन बनकर

मेरी तन्हाइयों से कहो,
कुछ देर अकेला छोड़ दें
बादलों का क्या पता
छा जायें, घटा बनकर
कब फ़िज़ा करवट बदले
न जाने कब पतझड़ आ जाये

समय से सँवरती परछाइयाँ
हसरतें भरी, मेरी तनहाइयाँ
श्वासों की आहट-सी
अश्कों की गंगाजली तक
तन्हा, तन्हा आज़ाद
जी उठती हूँ मैं

कोई
कहो न
इन इन्सानों से
कुछ देर
मुझे अकेला
छोड़ दे

मौत से क्यों नज़रें चुराते हो

मौत से क्यों नज़रें चुराते हो
अपने साजन का न्योता ठुकराते हो
तारों पर मरते हो
सूरज के अस्तित्व को भूल जाते हो
आँखों की रोशनी को
दुनिया का सच समझ बैठे हो
बन्द आँखों से दिव्य-दर्शन होते हैं
जैसे सूरज की रोशनी में तारे समा जाते हैं
आँख मूँदने से क्यों डरते हो
बूँद-बूँद से कण्ठ को तरल करते हो
सागर की लहरों से घबरा जाते हो
सागर मन्थन से शिव ने विष पिया था
तुम दो आँसुओं से हार जाते हो
दिल की धड़कनें अमानत है
प्रियतम की, प्रियसी हो
हक़ जताने का समय आता है
तो रहन नामे की शर्तें खोजते हो
प्यार में धरती और आकाश
की क़समें खाते हो
खेवट द्वार पर दस्तक देता है
अधूरी ख़्वाहिशों की फ़ेहरिस्त थमाते हो
क्यों ज़िन्दगी में आशियाना ढूँढ़ते हो
जब मौत में ठहर सकते हो

अस्तित्व

भटकती हूँ
समेटती हूँ
ढूँढ़ती हूँ
सीमित दायरे में

तलाशती हूँ
तराशती हूँ
टटोलती हूँ
चार दीवारों में

अपने अक्स को
अस्तित्व को, स्त्रीत्व को
जो भीतर है
वो अन्दर भी

बाहर दहलीज़ के उस पार
अपनी परछाइयों से दूर
नयी पहचान से उत्साहित
वजूद बन जाता है

और अब भटकती हूँ
समेटती हूँ, ढूँढ़ती हूँ
अपनी कामयाबी में
कुछ अपने आपको भी

रात का जिन्न

स्याहीदान से रात एक जिन्न
अपनी बोतल से बाहर आता है
शब्दों की कई नदियाँ होकर
कल्पना की नैया पर सवार

तरलता के सोपान पर, स्तुति
और स्मृति के मध्य प्रवाहित कर
एक खड़ीपाई के सहारे मानो, पूर्णविराम में
अन्त: विलीन होना चाहता हो

जैसे गोधुली में, सूरज को
क्षितिज पर छोड़, एक
टिमटिमाते, दीपक की
लौ के सहारे

कई अधूरे वाक्य, विचार
दूर समुन्दर में, अदृश्य तट पर
अपनी सारगर्भित परछाईं के आलिंगन में
रोमांचक उपन्यास बनाना चाहते हों

मैं रात भर, एक जिन्न के सहारे
काग़ज़ के हृदय को

चाकू के प्रहार से तरंगित
रखती हूँ, विस्मृतियाँ को

पौ फटते ही जिन्न, कल्पना को विराम देता है
अपने शब्दों के जाल को, समेट लेता है
बूढ़ी और सुनहरी मछलियों के साथ
स्याहीदान में पुनः क़ैद हो जाता है

और में हाशिये पर, एक
हस्ताक्षर भर, रह जाती हूँ
अँगुलियों पर, काली
स्याही की छाप की तरह

आँखों में कल्पना की उड़ान
मेज़ के एक कोने पर
कोरे काग़ज़ के गर्भ
हरे पेड़ के ठूँठ में

अहसास को दबाये
रात की स्याही, विचारों का जिन्न
शब्दों का समुन्दर, समस्त संसार
मेरे में समाहित हो जाता है

तब एक नया सूरज उगता है
नयी रोशनी देता है
जिसके लिए बोतल का जिन्न
रात भर कसरत करता है

तुम को

डूबते हुए सूरज में
परछाइयाँ ढूँढ़ते हैं
समुन्दर की गहराइयों में
तन्हाईयाँ खोजते हैं

बादलों की कोख में
ममता का आँचल ढूँढ़ते हैं
क़दमों की आहट में
दुल्हन का श्रृंगार करते हैं

खुले नयनों में
सपनों का इन्तज़ार करते हैं
बन्द किवाड़ों से
तूफ़ानों को न्योता देते हैं

तबस्सुम की बहार में
तस्वीरों से धूल पोंछते हैं
पंछियों के कलरव में, अपनी
ख़ामोशियों को दफ़नाते हैं

हरी घास के बिछौने पर
सर रखकर सोते हैं

धूप-छाँव के खेल में
रह-रहकर करवट बदलते हैं

सात सुरों को गीत में
बेचैनी को प्रीत में
जुनून को जीत में
सब रंग मेरे मीत में

इस रंग बदलती दुनिया में
तुम को ही तो ढूँढ़ते हैं
तुमको ही तो
तुमको ही

प्यार

तुम प्यार हो या मात्र एक कल्पना
तुम्हें जीती हूँ वास्तविकता में
तुम्हारी तस्वीर से बतियाती हूँ
जानती हूँ तुम्हें पा सकती नहीं कभी
तुम्हें ही विचारों में बसाती हूँ सदैव
तुम्हें देख के मन-ही-मन मुस्कुराती हूँ
तुम एक परिकल्पित आज हो मेरे
तुम्हारे साथ ही अपना कल सजाती हूँ मैं

तुम प्यार हो या मात्र एक कल्पना
क्यों तुम्हारा इन्तज़ार है मुझे
इतना तुम पर क्यों विश्वास है मुझे
क्यों इस आस में जीती हूँ
तुमसे मुलाक़ात का क्यों भरोसा है मुझे
जो भी हो एक, स्वप्न स्वरूप हो
खुली आँखों से निहारती हूँ तुम्हें
तुम प्यार हो या मात्र एक कल्पना
हक़ीक़त हो या कोई अफ़साना

तलाश

तलाश है
जीवित या मुर्दा
नयी कोपलों की
या फिर उनके
अंश ही सही

तलाश है
उस तिनके की
जिससे घरौंदे की नींव है
हवाओं में कहीं
उड़ता हुआ ही सही

तलाश है
उस घरौंदे की
जिसकी शुरुआत संग
तुम्हारे, मैं ने की थी
सपनों में कहीं
उम्मीद ही सही

तलाश है
बीते वक़्त की
मुट्ठी में बन्द

स्मृतियों में क़ैद
कहीं, थमता न सही

तलाश है
तुम्हारी और मेरी
हमारे प्रारब्ध की
मिलने और बिछुड़ने के
बीच की गोधूली की

दूर क्षितिज पर
पूर्णिमा से सूर्य अस्त
के मध्य, एक
बिखरा हुआ स्वप्न
अम्बर के बादलों में कहीं

जैसे आँख में बूँद सागर की
बहती नदी से चुराई हुई
प्रवाहित या ठहरा हुआ
दहकती धरा की देह पर
एक पल, नमकीन ही सही

तलाश है
जीवित या मुर्दा
नयी कोपलों की
या फिर उनके
अंश ही सही

बाढ़ के बाद

बह गये सपने
पानी में
कुछ दरिया में
कुछ नयनों से
फानूस के घर भी
ढह गये, कुछ तिनके
छोड़ गये
अँखियों में

रेत के सीने पर
क़दमों की आहट
थम गयी और
जो चले गये
बिन क़दमों के
ओझल होकर
नमीं दे गये
अँखियों में

कैसी विडम्बना है
ज़िन्दगी की कश्ती
डूबी है, किनारे पर

जिसके लिए
चार कोस
चला करते थे
आज बिन बुलाये
घर आया है

आतुर हैं, आटा
गीला करने पर
कल जो
गगन से
बरसता न था
आज सैलाब बनकर
फूटा है
अँखियों से

धरती की छाती पर
मूँग दलते
आसमान ने
जिस माँ की
कोख उजड़ी है
उसको मिट्टी
की क़ब्र
नसीब नहीं

आज आसमान के सामने
धरती भी झुकी है
सीने में दर्द को दरकिनार कर
नन्हे-मुन्नों को दफ़नाया है

जिनसे माँ का आँचल
छिना है
उनको लहरों की
लोरी से सुलाया है

जो घर से बेघर हुए हैं
उन्हें खुले आकाश ने
गले से लगाया है
जो अपनो से बिछड़े हैं
उन्हें सबने अपनाया है
जिन पर हादसों के पहाड़
टूटे हैं, उनके हौसले के
इम्तिहान अभी बाक़ी हैं

जो बह गया पानी में
बेशक, उसे याद करो
जो रह गया धरती पर
पहले, उसकी सँभाल करो

नतमस्तक

आसमाँ की दहलीज़ पर
नन्हे पाँव की दबिश
धरती के मस्तिष्क पर
दस्तक, सुनहरी किरणों की

दरमियाँ दशकों के
फ़ासलों की कई मंज़िलें, तय
चुनरी की एक किनारी से
तुरपन सारी ज़िन्दगी की

जुलाहे के धागों से
होंठ तमन्नाओं के सीये
उधेड़-बुन, चाहे-अनचाहे
फन्दे घटते-बढ़ते, इच्छाओं के

टाँको से पैबन्द तजुर्बे की
आत्मा के शरीर पर टाँकते
ज़र-ज़र, आवरण को
तन से तन्हा होते देखते

आँख की पलकों पर, फलक
सवार, श्वासों के श्वेत शिकार

बन्द पिंजरे से
आज़ाद होते निहारते

एक तार वक़्त का
एक प्यार का, इस
ताने-बाने से बनी
आकृतियाँ स्वास्तिक लगे

आसमाँ की दहलीज़ पर
नन्हे पाँवों से, कई क़दम चले
शीश ने आत्मसमर्पण में
नतमस्तक, कई सज़दे किये

फ़ुरसत के क्षण

फ़ुरसत के क्षणों में
खो जाती हूँ मैं
बचपन के समुन्दर में
लहरों की तरह, यादें
रह-रह कर आती हैं

मानस पटल को
रेत के तट जैसे
कभी सीपियों से
कभी काँच के
टुकड़ों से सजाती है

नन्हे पाँवों से मैं
रेत पर भागती हूँ
लहरों के पीछे
मेरे क़दमों
के साये

फ़ुरसत के क्षणों में
खलबली मचाते हैं
बीते हुए पलों

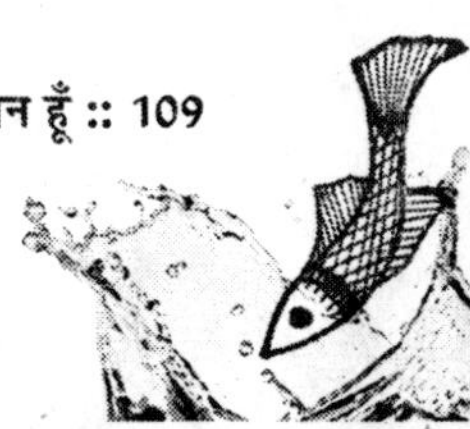

की परतों को
खोलने में

फ़ुरसत के क्षणों को
सँजोती हूँ, मैं
यादों में बदलती हूँ
उन्हीं में बिताती हूँ
पाती हूँ, फ़ुरसत के लम्हों को

जैसे वापस
मुड़ती हैं लहरें
तट को भिगोकर
समुन्दर के आलिंगन को
वैसे फ़ुरसत के क्षणों में
समय को मोड़ के खो जाती हूँ मैं

तोहफ़ा ज़िन्दगी का

ताउम्र तुम्हारे नाम कर दी
इससे नायाब क्या तोहफ़ा दूँ
शेष मेरे पास क्या है देने को
जो हो मेरी ज़िन्दगी-सा

तारूफ तोहफ़े का
ख़ाली काग़ज़, खुले
आसमान-सा विशाल, तुम दो
लफ़्ज़ों से आत्मकथा लिख दो

कोरा कैनवास, बर्फ़ की चादर-सा श्वेत
तुम कूँची से उमंग के सब रंग भर दो
काली घटा सर्प से काली, केशों से लम्बी
तुम इस डोर से समेट लो, अपने आगोश में

शब्द कम
रंग फीके
डोर छोटी
पड़ जायेगी

बिखरा वजूद
ख़ालीपन इतना गहरा, वज़नी है
समय कम, पड़ जायेगा, बोझ कैसे उठा पाओगे
साथ कैसे निबाह पाओगे?

दर्द का उपन्यास

यह नीर भी ठहरता नहीं
यह ओस भी पिघलती नहीं
हर दिन बरसात का
यह पलकें भी झपकतीं नहीं

पुराना कुछ टिकता नहीं
नव सृजन भी रुकता नहीं
हर दिन पतझड़ का
सावन का पीछा करता नहीं

समय भी ठहरता नहीं
संघर्ष भी रुकता नहीं
ख़ून भी बहता रहा
बहता रहा पसीना भी

सीने की आग में जलती रही
बसन्त की पीली फुलवारी
जंगल में धुआँ भी रुकता नहीं
हरी कोपिलों भी उगती नहीं

दिल के तार, काग़ज़ की
नब्ज से जोड़ दो

बह जाने दो, दर्द
की हर बूँद को

गीत में तराश दो
या यूँ ही कुछ लिख दो
दिल खोलकर, दर्द निचोड़ कर
एक नया उपन्यास

सारा दर्द उड़ेल दिया, तो
कोई ख़ाली गिलास की तरह
फिर से न भर दें, पुराने
उपन्यास का क्रमशः लिखने के लिए

मजबूर न कर दे
नये दर्द का अहसास
चाहे अधूरा ही क्यों न रह जाये उपन्यास
रहने दो एक फाँस दिल के किसी कोने में

मृत्यु का न्योता

मृत्यु का न्योता
डाक से आया
चौखट से उठा ले गया
एक मुखौटा

मृत्यु का न्योता
डाक से आया
डाक पात्र से उतार ले गया
एक पुराने पहचाने की पट्टिका

मृत्यु का न्योता
डाक से आया
हर न्योते ने
उचित जवाब पाया

रह गया बस, एक बार
मृत्यु का न्योता
डाक से आया
डाक में ...

और एक बीमार
वीरान खँडहरों में

बुनता चला गया
मकड़ी का जाल

हर साँस में
रेशम के नाज़ुक धागों से
उधेड़-बुन का
संसार

बुझती हुई साँसों की तेज़ रफ़्तार ने
जान लिया डाकिये के क़दमों की आहट को
जैसे वक़्त ने मुँह मोड़ लिया हो, पहुँच कर
मोक्ष के द्वार पर

बन्द लिफ़ाफ़ों में
पीले पड़ते काग़ज़ों पर
फीके होते अक्षरों ने
जैसे आँखें मूँद ली हो
डाकिये के पैगाम पर

दहशत

दहलीज़ें, दरारें बन गयी हैं
जिस्मो-जान में जुनून है
हर जगह ख़ून-ही-ख़ून है

जड़ें कमज़ोर पड़ गयी हैं
आबो-हवा में ख़ौफ है
हर आँख में बूँद-दो-बूँद है

दुआ, बेअसर हो गयी है
दर्दे-दिल में बेनूर है
हर जगह इन्सानों का हुजूम है

ज़न्नत में, ख़ुदा मौन है
बाज़ारे-आम में यह शोर है
हर वक़्त एक ही दौर है

जुनून है
ख़ून है
ख़ौफ़ है
दशहत है

ममता

तुम मौन हो
आवाज़ है, शब्द भी
नहीं है तो इच्छा, शब्दों को
आवाज़ में पिरोने की

दूर पहाड़ी से टकराकर
वादियों में बिखर जाते हैं
अल्फ़ाज़, समुन्दर की गहराइयों में
बह जाते हैं बन के सैलाब

वाक्य अधूरे रह जाते हैं, भ्रम होता है
ध्वनि, जो तुम-सी लगती है
अवनी में मिश्री घोलती
पर क्यों मेरे लिए नहीं

सुबह का सूरज मुँह चिढ़ाता है
चिड़ियों का कलरव करकश लग़ता है
हवा का झोंका गुस्साया है
अमावस का चाँद भी नाराज़, नहीं आया है

दूरियाँ कुछ इस क़दर बढ़ी चली हैं
तुम गूँगी,
मैं बहरी और
ममता अपाहिज हो गयी है

आरक्षण

चार क़दम
बिन बैसाखी के मुश्किल
और सपनों में तुम
दौड़ती मोटरसाइकिल
की रफ़्तार

चल सकते हैं
जो धरती पर
बिना सहारे
दम भरते हैं
ऊँची उड़ानों वाले

क्यों उनकी सोच
तुम्हारे इरादों
को देख
लड़खड़ा जाती है?

पैरों से पूर्ण
फिर भी सोच से
रेंगते हैं और आप हमें
विकलांग कोटे में
आरक्षण देकर दंभ भरते हैं?

मैं

पालने में नवजात
अँगूठा चूसता है
चलने से पहले
मेमने की तरह
माँ से पहले
मैं शब्द समझता है

रात भर अपने क्रन्दन से
माँ को जगाये रखता है
मेरा स्तन
मेरा स्पर्श
मेरी हठ
से ममता को परखता है

पैरों पर खड़ा होता है
तो शब्दों से कम
इरादों से वार करता है
मेरी इच्छा
मेरी पसन्द
मेरा घर संसार
से कष्ट पहुँचाता है

मेरा ही अंश
मुझ पर भारी पड़ता है
एक 'ऐ' की मात्रा का
कलंक ढोता है

बँटवारा

बिटोर लो
घर का सारा सामान
बाँट लो
इसकी दीवारें, ईंट और पलस्तर
यह सन्नाटा
किसके लिए छोड़े जा रह हो
इसे भी तो साथ लेकर जाओ

बच्चों की किल्लकारियों से
घर आबाद हुआ करते थे
नन्हे क़दमों की चहल क़दमी से
अपनी ज़मीं को नापा करते थे

बाँध लो
सारी तस्वीरें
समेट लो
सारी यादें
यह खूँटियाँ
क्यों छोड़े जा रहे हो
इसे भी तो साथ लेकर जाओ

आवाज़ें
आज भी गूँजती हैं
क़दमों की
आहट भी
खूँटी पर
टँगा है सन्नाटा
शून्य में
झूलता मेरा आस्तित्व

जिसे तुम भूत कहते हो वहीं कभी मेरा
संसार हुआ करता था
टुकड़े-टुकड़े कर बाज़ार में बिका है
किसके लिए छोड़े जा रहे हो
मुझे भी, तो नीलाम करते जाओ

बिन्दु

एक बिन्दु से
शुरू हुआ था संसार
उस बिन्दु का आकार
अस्त होता है
एक गहरे शून्य में
रात के उस पार
पहरेदार, रोशन करता है
उजालों का संसार
एक बिन्दु से
शुरू हुआ, विशाल
व्यूह रचना का संसार
एक चक्रव्यूह के
शुरू से मध्य में
एक केन्द्र बिन्दु
और अन्ततः
शून्यता से फैलता
प्रकाश, लेता है
एक प्रकार
अण्डाकार संसार
एक बिन्दु से
शुरू होता है

हर गोले का संसार
हर बिन्दु का है भाग्य
ढूँढ़ना अपनी परिधि
और जाना उसके पार

दो राहें

क्यों हम बार-बार टकरा जाते हैं
फूलों के कोमल स्पर्श से चोट खाते हैं
बहारों की सुरसुराहट से दामन समेट लेते हैं

क्यों हम बार-बार टकरा जाते हैं
जानी-पहचानी सब नज़रों से मुँह फेर लेते हैं
शब्दविहीन सन्नाटों से अन्तर्मन में बतियाते हैं

क्यों दिल पर बार-बार दस्तक देते हैं
रिवायतों की दीवार लाँघने से डरते हैं
खुली खिड़कियों के कपाट हाथों से बन्द करते हैं

क्यों एक मंज़िल के राहगीर
दो डग, अलग पगडण्डियों पर चलते हैं
भरी दुपहरी या तेज़ बारिश में एक छत के नीचे मिलते हैं

क्यों इस मुक़ाम से कई रास्ते निकलते हैं
क्यों दो राहें पर बेज़ुबान रिश्ते दम तोड़ते हैं
क्यों दिल और दिमाग़ के बीच हम झूलते हैं

द्वन्द्व

पतझड़ में सब्ज़पाश
परेशानी का सबब बन गया

महफ़िलों से महफूज रहना
चर्चा का मरकज़ बन गया

एक घर में दो कोने
फ़ासलों की तक़दीर बन गया

चेहरे का मुखौटा
दिल का कवच बन गया

याद

तुम्हारे जाने के बाद
तुम्हें देने को तोहफ़ें
याद आये

तुम्हारे जाने के बाद
तुम्हें कहने को शब्द
सूझ पाये

तुम्हारे जाने के बाद
तुम्हें भुला न पाये
तुम्हारे रहते, तुम्हारे सिवा
कुछ याद न रहा

क्यों तुम्हारे जाने के बाद
आयी है वापस
हमारी याददाश्त?

कि भूला हुआ भी याद आये
और याद रखने के लिए
भुलाया भी न जाये

दर्द

दर्द दफ़न हो गया
चर्म और माँस की परतों के बीच
नीली नसों की नदियों को
चापू से छलका-छलका कर
नयनों की नाव को लहूलुहान कर रहा था

दर्द मवाद बन गया
साँसों से बास छोड़ रहा था
विकृत शब्दों से, विकलांग हो गया
कण-कण, पोर-पोर, रोम-रोम
दीमक के प्रकोप से ग्रसित

दर्द, नासूर बन गया
एक फोड़े ने दिल में छेद कर दिया
दर्द का बिछौना और ओढ़ने की चादर
सब एक रंग हो गया
जीवन अस्पताल लगने लगा

क्यों ऐसा लगता था
सूरज सिर्फ़ आख़िरी बार उगा हो
फूलों का गुलस्ताँ सिर्फ़ अन्तिम बार सजा हो

चन्द गिनी चुनी मुस्कराहटें ही बाकी हों
नम हवा का आख़िरी झोंका हो

मेरे साथ ही क्यों
दर्द का अनोखा
रिश्ता है?

पहला सफ़ेद बाल

मेरा पहला सफ़ेद बाल
कफ़न-सा चमकदार है
श्मशान में नये मेहमान की तरह
सबसे अलग, बिल्कुल अकेला

यूँ तो कोई ख़ास उम्र नहीं है
पर अब क्या करूँ तक़ाज़ा?
तनों से दिल टूटता तो होगा
कंघी में उलझ कर गिरने का डर भी होगा

बारिश में कभी-कभार इन्द्रधनुष दिखता है
तो क्या मेहँदी से घाव भरता होगा
काली लटों में सफ़ेद दाग़
दूर से बेबाक दिखता होगा
हर रोज़ जब कई बाल झड़ते हैं
तो कूड़ेदान की क़ब्र से जी घबराता तो होगा

करवा-चौथ के चाँद से शरमाया तो होगा
सुहागनों को बेवा की नज़र से
ज़ुल्फ़ों की काली घटाओं ने, छिपाया तो होगा
दो मुँह बोलों ने भी, फब्तियों में कोई कसर न छोड़ी होगी

मेरा पहला सफ़ेद बाल
अनेकों में एक
न यह धूप से सफ़ेद हुआ है
न यह उम्र का तक़ाज़ा है
यह तो मेरे तजुर्बे की बयानी है
मेरे सिर का ताज

मुझे नाज़ है, मेरे पहले सफ़ेद बाल पर
है तो यह मेरा हमसफ़र
हम दर्द के साझेदार हैं, जानकार हैं
बेरहम दुनियाँ के चशमदीद गवाह

उड़ता पंजाब फ़िल्म से प्रेरित

सूख गया है, लगता
पानी सारा, पंज नदियों का

लहराते खेत-खलियानों का
आशियाना, घर जिसका

गोद भराई का त्योहार
हसरत, हर घर की

कोखें सूनीं, वीरान चौबारे
नसें भरी है, श्मशानों में रेले

भाँगड़ा-गिद्दे पाते मुण्डे, ते कुड़ियाँ
बारी बरसी खटन गया सी, खट के लियाता नशा

आँखों दी शर्म तो न्योछावर हुई सी
आँखों दा नीर भी काफ़ूर हुआ

रातों को नींद आयी नहीं
और सवेरे को होश भी

जहाँ ख़ून में क्रान्ति कायल थी
बदनसीबी दौड़ती, बर्बादी बस्ती है

सुख गये हैं, ख़ून के धब्बे
क्या जलियाँवाले बाग़, क्या बँटवारे के क़िस्से

वीर हुआ करता था, जवान जहाँ का
शहीदों की बेबे, बीवियाँ, बहनें, वीरांगनाएँ फ़ख्र से

आज एक रंग में डूबे हैं सभी
ग़म है, न शहादत कोई

शेर का जिगरा, खालासा का पन्थ
फकीरों और सूफ़ियों के सुर जहाँ

गुरुओं के ग्रन्थ, गुड़ और गन्ना खान-पान
मिश्री से सूरत-ए-हाल हो जहाँ

सिक्कों की ग़रीबी, सियासत की समझ है
पंजाब का आज फिर बँटवारा हुआ

इस बार आधा-अधूरा-सा नहीं
हिन्द में, आधा सिन्ध में

यक़ीनन इस बार मुकम्मल हुआ
पूरा पंजाब, जैसे नशे में गया है

सुहागन

मेहँदी के हाथ
टूटते तारों की रात
चुनरी में मासूम-सा चाँद

चन्दन में लिपटी काया
हल्दी से निखरी लाज
आलते से सजी डोयरी की माँग

आँखों में ख़्वाबों की सेज़
पलकों के बादलों से झाँके, शरमाये
सपनों में नींद को सँजोये

कलाई में चूड़ियों के इन्द्र-धनुषी रंग
पैरों में पायल की झंकार, जैसे
जंगल में जुगनु टिमटिमायें

लालटेन की लौ, माथे के टीके से करें इशारें
नाक की नथ, अठखेलियों में उलझे
मदमस्त लटाये, गजरे से मन बहलायें

डूबते सूरज की लालिमा से नहाई
समय की सिलवटों से खेलती
ओस की ठण्ड से सिमटी

हवन की अग्नि, आँख में काजल बन समाये
चंचल मन, घबराया तन
सात फेरों से सुहागन कहलाये

मेहँदी के हाथ
टूटते तारों की रात
चुनरी में मासूम-सा चाँद

श्रृद्धांजलि

एक साँस थम गयी
सर्द हवाओं में जम गयी
सुबह के कोहरे में
चाय के प्याले में

आधी-चखी
आधी-बाक़ी
नामोनिशाँ न कोई
छोड़ गयी

अधूरे रिश्ते
पूरी ज़िन्दगी
न धुएँ का शौक़
न जाम की चाह

फिर भी हृदय को
जकड़ गयी, क़लम
चलते-चलते
ख़ुद ही घिस गई

अनकही रह गई
कल की बात

बीती रात
और सुबह

सवेरा निगल गया
एक चाँद हमारा
रोशनी में आँख से
ओझल हो गया

चिड़ियों के कलरव में
क्या मेरा रुदन
तुम्हें, तुम्हें, तुम्हें
सुनाई दिया?

या तुमने भी मौन की
सफ़ेद चादर ओढ़ ली
बस दो मिनट और
एक मुकम्मल जहाँ

एक शख़्स,
हुजूम की भीड़ में
रुखसत हुआ, एक और
सदा के लिए अलविदा

सत्यप्रिया!
सत्यप्रिया!
सत्यप्रिया!